De syv Vise

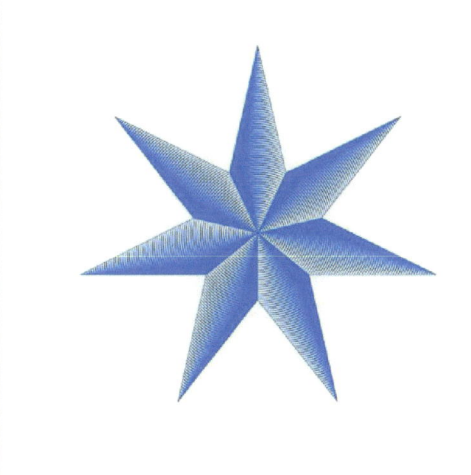

De Syv Vise

Meditative Metamorfoser

Indre Transformation

Lyrisk Kosmologi

Jørgen Finnemann

De Syv Vise
Meditative Metamorfoser
Indre Transformation
Lyrisk Kosmologi

Forlag: BoD – Books on Demand, København, Danmark
Tryk: BoD – Books on Demand, Norderstedt, Tyskland.
ISBN: 9788743010838

Af samme forfatter
De Syv Vise er første del af en trilogi: Meditative Metamorfoser.
Det er forfatterens debut.
Magien i Intetheden, MM II udkommer april 2020
Meditative metamorfoser MM III udkommer maj 2020

Livet omkring døden – støtte til pårørende. Ikke udgivet manuskript fra 1990/2002.

Indholdsfortegnelse

Forord

De Syv Vise er tekster, der er dukket op på min indre rejse. Natlige rejser ind i det, jeg opfatter som den højere bevidsthed, en fælles bevidsthed. De er kommet uopfordret, i løbet af en uge i januar 2019. Og nu er jeg klar til at dele dem med andre.

De syv tekster kan bruges på flere måder. De egner sig til meditation, til at mærke, sanse, til at blive læst langsomt, med pauser, flere gange. Lad dem stille finde ind i bevidsthedens dybere lag, ind bag den mentale barriere.

Teksterne rummer og udfolder en kosmologi, et verdensbillede, at vi har det hele inden i os, at den højere bevidsthed er en nøgle til at forstå os selv, og at den verden, vi ser omkring os, makrouniverset, er en manifestation af en enhedsbevidsthed. Og mikrouniverset inde i os selv er en manifestation af den samme enhedsbevidsthed.

Teksterne kaldes metamorfoser. Metamorfose betyder forvandling. Det er forvandlingstekster, der har været med til at forandre mig selv, indadtil og udadtil.

Det er mit håb, at andre kan have glæde af dem på samme måde. At de kan være en hjælp på vejen ind og søge svar på de store spørgsmål: Hvor kommer jeg fra? Hvem er jeg? Hvorfor er jeg her? At de kan være med til at åbne for storheden i livet.

God fornøjelse

Metamorfose 1

Altet og Intetheden

Inde i Tomheden findes en nerve
det er den nerve, jeg aldrig må svigte

Inde i Tomheden findes en nerve
Nerven er mig - Nerven er Gud
Nerven er min forbindelse med Gud

Inde i Tomheden findes en nerve
det er den nerve, jeg kender som mig

Inde i Tomheden findes en nerve
den fører mig dybere ind i mig selv

Tomheden udvider sig ind i sig selv
den sprænger rammer
der er intet, der holder

Nerven fører fra tomheden videre ind
den fører videre ind - i Intetheden
alt opløses i Intetheden
Nerven er opløst

Vi træder ind i Intetheden
oplever her at Altet bli'r skabt
Jorden, ja alt nyskabes i Intetheden
som et møde mellem Himmel og Jord

Inde i Tomheden fandtes en smerte
smerten over adskillelsen fra Gud
smerten fordamper i Intetheden
som alt, der hører til adskillelsen fra Gud

Der er kun ét – det ene Liv
Og det træder ind i en krop og får navn
i sin unikke vibration, der gennemtrænger alt
det ene liv gennemtrænger Altet i alle dimensioner

Et nyt væsen er skabt
en ny Himmel og en ny Jord
transcenderet af Gud via mennesker
via menneskehedens fremmeste sjæle
mennesker, der er trådt ind i Intetheden
for at skabe den ny Jord og det ny Univers

Altet er åbnet for menneskeheden
hvert et hjerte, der åbner sig
er en del af denne proces
universet organiserer sig på ny
universet organiserer sig i den nye orden
nye Sole, nye planeter, ny strukturering af al energi
alt dette skal blot integreres i dig og i mig

Der er intet at forstå
men kroppen ska' sige Ja
det er det særlige ved Kloden

Det særlige er, at vi er mange
der er ved at helliggøre den
og at det sker for alvor nu
det sker her, i Intetheden

Vi mærker samhørigheden med hinanden, med alle
tager energien ind, lader den blomstre i hjertet
i glæde og kærlighed over livet og over
at Gud lever på denne Jord
i dig, i mig, i alle

Metamorfose 2

Alt er Nyt

Alt er nyt
Alt er forbi
Alt skabes på ny
Alt skabes på ny i dig
i universet, indefra og ud

Tiden er forbi
det gamle er væk
Intetheden hersker
i Intetheden fødes Altet
Altet fødes ud af Intetheden
Altet rummer det nye menneske
Altet rummer skabelsen og plasmaenergien

Plasmaenergi er nøglen til samhørighed
til samhørigheden med Gud, med alt
Plasmaenergien rummer nøglen
nøglen med koderne til Paradis

Koderne, den Hellige Geometri, er resonanser
resonanser leder energien ind i stoffet
beliver og skaber nu det nye menneske
det nye menneske fødes som en impuls
det nye menneske fødes indefra i Intetheden

Impulsen går i resonans med stoffet
impulsen skaber en helt ny verden
en verden af krystallinsk energi

Det mindste stof, The Quarks, rekalibrerer
smelter sammen i helt nye vibrationer
alt skabes som nyt i et Gyldent Univers

Alt er ét
alt er genfødt
du er genfødt
du som lytter med hjertet
tag det ind, tag det ind i dit hjerte
fra isse til fod, fra rodpunkt til ID
at du er genfødt som en inkarnation af Gud

Lad det arbejde i dit indre
I elektroner, nukleoner og atomer
i molekyler, gener, DNA og celler
alle kropsniveauer ta'r det ind
alt er genfødt

Mærk det i organer
i kirtler og hormoner
i blodomløb og nervebaner
i lemmer, krop og øjne
at alt er genfødt
genfødt af Gud
i Gud

Hvil i dette
tal med din krop
lad kroppen mærke
lad kroppen tale imod
og lad kroppen forstå
at det er fuldbragt i dig

Metamorfose 3

Alt er ét

Al tings enhed
enhed i mangfoldighed
alt forenes i dig
alt forenes i mig

Bring det ud
bring det ind
bring det ind i hjertet

At Enheden findes derinde i hjertet
at alt hører sammen derinde
en energimæssig enhed

Enhed med hvert eneste menneske
enhed med hvert eneste dyr
med hver eneste plante
med hver eneste sten

Alt er bundet sammen i den ene bevidsthed
menneskene er mangfoldige
men vi er en buket

Vi skaber enhed i mangfoldighed
lad det ske og det vil ske indefra
i dig, i mig, i menneskeheden

Enhed i en dual verden er en inkongruens
vi skal blot stå der, stå der i vort lys
mærke den guddommelige kraft
det skaber enhed

Den nye Jord er skabt
ånden er trængt ind i hvert atom
hvert eneste atom er belivet af en livskraft, som er ny

Se universet strukturerer nu sig selv
Lad os blande os så lidt som muligt
eller blande os i flow med energien
som netop disse ord, de gør det

Ordene her blander sig i processen
det er medskabelsens magi, mærk det
at træde ind i Tomheden og i Intetheden
og forbinde sig med den guddommelige kraft

Du kan gøre som de fleste, gøre det i stilhed
forbinde dig med energien og lad den virke frit

Eller gøre det som her, forbinde dig med ordets indre kraft
og dermed formidle energien ud i universet
det er en transformation af energi
og den er til rådighed for alle

Disse ord er fyldt af høje vibrationer
mærk det i din krop, ja mærk det lige nu
og luk hjertet op for disse vibrationer

Mærk den guddommelige proces
luk hjertet op, lad kroppen mærke
og huske, at det er en helt ny energi
den træder ind i kroppen, som er fra gammel tid
det er en krop, der må gøre modstand mod det nye

Fortæl det til din krop
atomer, molekyler, celler
at det er sandt, det her

At Gudskraften træder ind, lige her og nu
at den skaber lige nu det nye menneske
at Gudskraften banker på derinde fra
giv blot dit JA til den proces
og Paradis vil åbne sig

Dette er Paradis
Paradiset Have

Dette er det Ny Jerusalem
inkarneret overalt

Det er tid at træde frem
med et kærlighedsbudskab til alle

Der er ingen skyld
der er ingen skam

Der er kun kærlighed og accept
det er tid at gå vejen i den nye energi

Alt åbner sig for den, der tror
alt åbner sig i troen
ja i visheden
om enheden
med Gud

Den indre Andromeda

Ja du mærker en kraft
vi forenes i dette
lad det være ordene
der sætter i gang

Ja jeg mærker en kraft
vi forenes i dette
Martinus og jeg er ét

Storheden i dette er at åbne for energien
ydmygheden er at lade det arbejde frit
frit som noget, der kommer fra Gud

Intet menneske kan konstruere dette
intet enkelt menneske skal tage ansvar for dette
og dog skal vi alle tage ansvar for dette
blot i ydmyghed over, at Paradis
har fundet sin vej til Jord

Nervesystemet vil langsomt rekalibreres
DNA er for længst transformeret
og cellerne dermed på vej til
at tilpasse sig det nye liv

Andromeda lever i dig
Andromeda lever i mig
en Andromeda eksistens
en Andromeda bevidsthed

Andromeda og Mælkevej forenet
smeltet sammen som en kold fusion
som et helligt ægteskab i den universelle kirke

Og dette sker i dig min ven
som det sker i mig
ja det sker i alle
der forbinder sig med dette

Det er tid at træde ind i den nye eksistensform
hvor vi i bevidstheden i hvert eneste sekund
er fokuseret i helhedens tjeneste

at se, at opleve, hvordan hvert eneste skridt, vi ta'r
er en del af en nyskabelse af Jorden
ja af universet

Vi mærker nærheden af Gud
i hvert eneste atom, der omgiver os
på jorden og i universet
Du kan skrive, du kan tale, du kan synge
men det vigtigste arbejde, vi alle gør
det er dét, vi gør inde i os selv
nu og døgnet rundt

Vi er velsignede fra Evighed til Evighed
i Evighedernes Evighed
Ja, i Uendeligheden
er vi forbundne
som ét
vi er
ét

Det Kymiske Bryllup

Alt er stille
Alt er forbundet
Stilheden er porten
porten til den vej, du søger

Stilhedens vej er vejen til Tomhed
derfra går rejsen til Intetheden
det er den feminine vej
som integreres i mig

Som en spiral, der glider op
passerer dimensioner
og bærer energi

Det er det skridt, der fører til mødet
Det indre møde med det modsatte køn
En opløsning af en polaritet derinde
hvor prinsen og prinsessen forenes

Det er en indre proces i hver enkelt af os
prinsen og hans udkårne står overfor det kymiske bryllup
som en indre forening af polaritet, mellem mand og kvinde
de vil begge overtage et skærf, fra kongen og dronningen

Det kymiske bryllup er et indre bryllup
hvor alt smelter sammen, på alle niveauer

Det vigtige sker her, i de lange pauser
det er healing i krop og i sjæl
lad bare kroppen gøre lidt modstand
den har allerede forstået beskeden
og åbner for kærlighedskraften
åbner for Gudskraften på Jord

Det, der sker her
er en åbning for alle
en åbning til at arbejde indad
og til at arbejde ud i menneskeheden
Og her er det vigtigt at få Stilheden med
det er en portal, der går dybt, ja dybt ind
dybt ind, og den går højt op i vibration

bliver til Tomheden

bliver til Intetheden

Og det er denne forbindelse
der er magiens essens
at her træder Gud ind
ind i hver eneste sjæl
der åbner sit hjerte
og gør sig stille
i overgivelse
i ydmyghed

Metamorfose 6

Vejen, Sandheden og Livet

Jeg er Sandheden
Sandheden er Livet
Jeg er Vejen, Sandheden og Livet

Ja det var sådan, han sagde, Mesteren, Kristus
og sådan er det i den sande verden
at den, der træder ind i den
har den fulde adgang
til Livet, til Væren
Til Sandheden
om sig selv

Inde i Livet
inde i Sandheden
er der kun en eneste ting
den fylder ALT
Kærligheden

Den rene kærlighed til Altet
fra det mindste til det største
fra et Sandskorn til Universet

Jeg er Vejen, Sandheden og Livet
sig de ord, de rummer det hele
sig dem til dig selv igen og igen

Vi har det hele i os
der er ingen steder at se hen
ingen andre steder end i os selv
at gå dybt – at gå ærligt ind og se

Træde ind og se og mærke, hvad der er
springe ud i en Portal til Evigheden
og videre til Evighedernes Evighed

I disse indre verdener er der mange rum
de skal åbnes, langsomt og forsigtigt
i ydmyghed, i kærlighed

Det er en fortsat integration
kroppen rummer energien
og de erfaringer, der gøres her

Det er en syntese og den foregår her og nu
Det er en syntese af de mange universer
ja universer, der ligger ud over det
du kender som fysikkens univers

Her skal intet beskrives
det er processen
der er vigtig
energien
mærk

Giv dig tid at læse
giv dig tid at være

Ordene rummer den fulde energi
de lægger sig ind i dit inderste indre
en indre resonans i dig
du mærker det

Og uanset hvad, er energien der
og din åbenhed for at læse eller lytte
tillader energien at træde ind igennem dig
og ind i din væren - og ind i dit liv, det ene liv

Vi bevæger os her i ukendte lag
det er en ny vej, der betrædes af mange
nogen vil kalde det en Mahatma vej
andre vil blot åbne for selv at mærke
hvad energien er, og hvad den vil

Og ét er sikkert om denne energi
at den vil en gylden jordisk fremtid
især for den, der siger JA til dette
og dog er den til alle mennesker
Ja, det gyldne er en del af dette

Tilbage er kun ét at sige
træk vejret dybt

tag Ånden ind
tag den ind i hver en pore
ja dybt ind i den krop, du kalder din

Den krop er vigtig
kroppen husker alt

kroppen skal ha' besked tilbage
om at åbne sig for den nye sandhed
åbne for den sandhed, du har erfaret her

Det evige NU

Det er tid
det er tid at åbne
det er tid at åbne til det næste trin på Jakobsstigen

Den stige, der forbinder Himmel og Jord
den stige, der mere end at forbinde
den stige, som ér Himmel og Jord
den stige som fortsætter langt
langt ind i de himmelske sfærer
og som derfor fortsat har mening

Kristus er født i hver eneste én
at sige ja til Kristus-vejen er en vej
der åbner for Mahatma, Ånden, Gud
i hvert eneste ord, i hver eneste handling
ja i hvert et skridt, vi tager på denne jord

Himlen åbner sig som lysvæld bag ved lysvæld
det er lysvæld, der er fordampet, borte
lad den mentale barriere lægge sig
og lad sjælen forene sig med ånden
i en integration og transformation
der transformerer alt i krop og sjæl

Resonansens koder aktiveres nu i alle
Gud skaber universer gennem dig og mig

Universer åbenbares, når vi griber energien
nye universer, skabt igennem metamorfoser
Universer, der når langt ud over fantasien

Her er ingen tid
Her er intet rum
kun det evige NU
hvor alt er til stede

Kald det latent
kald det bevidsthed
det er til stede i dig
det er til stede i mig
og det kan leves her og nu

Her er ingen krav
her er kun kærlighed og glæde
den dybe glæde over, at Gud lever overalt
og at du er et levende udtryk for Gudskraften på Jord

Giv dig blot lov til at følge den strøm
Den strøm fører dig videre på din vej
her hvor du er og videre frem
i hvert nyt NU, der åbenbarer sig på Jord

Lad ordene trænge ind
de er fyldt med en kraft

Giv dig tid til at rumme
Giv dig tid til at mærke
tid til at vænne dig til dem

Hvad de egentlig betyder
kan vi ganske glemme

Men gå blot vejen og husk, hvad du har læst
du vil vide, hvad du skal, til hver en tid
det er så stort, det er så smukt

vi følger dig tæt
vi er en del af dig

Ordforklaring

Metamorfose betyder forvandling. Teksterne her er forvandlingstekster for dig, der læser dem, og for mig, der har skrevet dem.

Andromeda er vores nabogalakse, men er også en bagvedliggende energi.

Elementerne er et energilag, der ligger bag ved eksistensen, som vi kender den. Ildelementet viser sig som ild, der brænder – også i ildsjæle. Jord, vand, ild og luft er de kendte elementer. Eter, plasma og kærlighedselementet er de nye 3, der kommer til. (se særskilt omtale).

Eter som det femte element er nyt for menneskeheden og skal udforskes nærmere. Det kendes som eterlegemet i den manifesterede verden, men har som de øvrige elementer en dybere betydning for sammenhængen i universet.

Intetheden er tomrummet mellem det 12. og 13. trin på jakobsstigen. Magien i Intetheden er titlen på de næste 12 metamorfoser.

Jakobsstigen henviser til det gamle testamente: Jakob så i en drøm en stige, der førte op i himlen. Stigen 12 trin op til himlen, hvor der er mange flere trin.

Kosmologi betyder verdensbillede, en forståelse af den verden vi lever i, fysisk, energimæssigt og spirituelt. Metamorfoserne udfolder en kosmologi, som jeg uddyber på næste side.

Kymisk bryllup er en indre proces, hvor vi på alle bevidsthedstrinnene forener os med den indre modsatkønnethed.

Kærlighedselementet er det syvende element og det 12. trin på Jakobsstigen. Elementet springer ud af Intetheden og skaber grundlaget for alt liv. Kærlighedselementet er åndens første manifestation. Det der bærer ordet, det der skaber grundlaget for stoffet.

Mahatma, Mahatma vejen er en indre vej med 352 trin på jakobsstigen. 1. generations linjeholder var Brian Grattan, der skrev Mahatma I + II.

Plasma er det sjette element og det 11. trin på Jakobsstigen. Plasma som stof kendes fra solen, hvor alt er spaltet til højt ioniseret stof. Plasma vil bl.a. få betydning for sundhed og for menneskets samskabelse med de guddommelige kræfter.

Rekalibrere betyder at ny-justere. Vi skal hele tiden - i takt med evolutionen - justere vores tanker og hele energisystem. Der kan være modstand mod at tage disse tekster ind, en kropslig mærkbar modstand.

The Quarks er ifølge fysikerne universets mindste dele. 3 quarks danner en proton, 3 quarks danner en neutron. The Quarks kan ikke eksistere som selvstændige partikler.

Kosmologi - Verdensbilledet

Disse tekster bygger på min baggrund som fysiker og på 35 års arbejde med bevidsthed. Gennem bevidsthedsrejser har jeg studeret den højere bevidsthed, der har vist sig at have manifesteret sig som det fysiske univers, vi ser omkring os, altså som Jorden, planeter, solen, stjerner, galakser, quasarer, sorte huller og kosmos.

Sætningen" Andromeda lever i mig" er dermed en energi, der er manifesteret som vores nabogalakse, og som ligger som en del af den kollektive energi i universet. Og det er en energi, vi alle kan trække ind i vores eget bevidsthedsfelt. Ja måske er Andromeda-galaksen blot vore sansers opfattelse af denne bagved liggende energi.

Og denne forståelse af sammenhængen mellem stof og bevidsthed viser sig også i mikrokosmos. Den højere bevidsthed er også manifesteret som kroppens organer, celler, atomer, nukleoner, kvantefelt og quarks. Dette er en bevidsthedens kvanteteori. At bevidstheden viser sig på disse måder. At det er bevidstheden, der skaber stoffet, ikke omvendt, som naturvidenskaben generelt har arbejdet ud fra.

Og ligger der så noget uden for kosmos, uden for Big Bang?
Er The Quarks en nedre grænse for den fysiske eksistens?

De to spørgsmål kan belyses, når vi udforsker det tomrum, jeg kalder Intetheden. Nothingness. Et tomrum, der ligger ud over sjælsuniverset, ud over det 12-dimensionelle bevidsthedsunivers, der manifesterer i såvel mikrouniverset som i makro-universet – med The Quarks og Big Bang som grænser. Det tomrum, jeg nærmer mig i disse metamorfoser – og udforsker i de 12 efterfølgende.

Og der findes et svar.

Mit svar på spørgsmålene ovenfor er: universet slutter ikke med de 12 dimensioner. Universet er åbent. Vi finder åbningen i Intetheden. I Intetheden krænger universet sig sammen og åbner for Altet, for ånden, hvor Evigheden og Evighedernes Evighed hører til. Og Uendeligheden.

The Quarks er i resonans med åndsuniverset. Big Bang er makrouniversets åbning mod noget mere. Og dette mere er en energikilde, Kilden, Source, Gud. En universel kærlighed, som beliver det fysiske univers indefra, gennem resonansen med the quarks. Det sker i cellekernen, ja det sker overalt, hvor resonansen mellem the quarks og åndsenergien får lov til at formidle energien videre ind i den fysiske verden. Som i biologisk materiale – og i de devices, der opfanger fri energi.

Min udforskning har i en periode handlet om Intetheden, og de næste 12 metamorfoser hedder "Magien i Intetheden". Energirejser på samme måde som de Syv Vise er det: Det handler om energi, det handler om bevidsthed, det handler om at erfare selv, indefra. At mærke, hvad Intetheden er, og hvad sandheden er for dig og for mig. Hvem jeg er.

Det er bevidsthedsforskning af denne karakter, der vil føre menneskeheden videre. Sætte os fri. Og bringe videnskaben videre. Det er en moderne form for shamanisme, hvor vi gennem Intetheden forbinder os med Altet. Den proces er lige startet for menneskeheden, men det er den proces, der kan føre os ind i en gylden fremtid, som det er omtalt i mm 2 og mm 6 og som gennemsyrer dem alle.

Og processen starter inde i os selv. Inde i dig og inde i mig. Og det er mit håb, at disse og efterfølgende metamorfoser kan være en støtte for den, der ønsker at træde ind på den rejse. En rejse ind i sig selv ved at fordybe sig i teksterne, lade energien arbejde frit, slippe tankerne, forståelsen og lade den højere bevidsthed arbejde ind i kroppen, i cellerne, i vores bevidsthed.

Efterord

De Syv Vise bliver fulgt op af tolv nye metamorfoser:
Magien i Intetheden – meditative metamorfoser II.
De er klar hos boghandleren april 2020.

De tolv spejler min udviklingsrejse ind i den højere bevidsthed
gennem ni måneder, februar – oktober 2019. En rejse ind i Intetheden
som min egen rejse, men også en udforskning og en rejse, andre kan
have glæde af. Og samtidig følger de en udvikling i kollektive
bevidsthed.

De 12 er på den måde en fortsættelse af De Vise Syv. De vil igen blive
fulgt op af metamorfoser, der er skrevet i slutningen af 2019 og dermed
afslutter denne trilogi af metamorfoser.

Veddinge Bakker, Odsherred den 1.3. 2020